BIA FORTE

Quem comer tudo ganha sobremesa

Receitas, histórias e lembranças dos 70 doces mais gostosos da minha vida

© Bia Forte

Diretor editorial *Marcelo Duarte*	Reportagem *Julia Bezerra*
Diretora comercial *Patty Pachas*	Projeto gráfico e diagramação *Estudia Design*
Diretora de projetos especiais *Tatiana Fulas*	Capa *Daniel Argento*
Coordenadora editorial *Vanessa Sayuri Sawada*	Ilustrações *Juliana Mota*
Assistentes editoriais *Lucas Santiago Vilela* *Mayara dos Santos Freitas*	Preparação *Beatriz de Freitas Moreira*
Assistentes de arte *Alex Yamaki* *Daniel Argento*	Revisão *Juliana de Araujo Rodrigues* *Telma Baeza Gonçalves Dias*
	Impressão *RR Donnelley*

CIP-BRASIL. CATALOGAÇÃO NA FONTE
SINDICATO NACIONAL DOS EDITORES DE LIVROS, RJ

Forte, Bia
Quem comer tudo ganha sobremesa: Receitas, histórias e lembranças dos 70 doces mais gostosos da minha vida/ Bia Forte. – 1. ed. – São Paulo: Panda Books, 2013. 112 pp.

ISBN 978-85-7888-289-1

1. Sobremesas 2. Culinária – Receitas. I. Título.

13-01084	CDD: 641.853 CDU: 641.85

2013
Todos os direitos reservados à Panda Books.
Um selo da Editora Original Ltda.
Rua Henrique Schaumann, 286, cj. 41
05413-010 – São Paulo – SP
Tel./Fax: (11) 3088-8444
edoriginal@pandabooks.com.br
www.pandabooks.com.br
twitter.com/pandabooks
Visite também nossa página no Facebook.

Nenhuma parte desta publicação poderá ser reproduzida por qualquer meio ou forma sem a prévia autorização da Editora Original Ltda. A violação dos direitos autorais é crime estabelecido na Lei nº 9.610/98 e punido pelo artigo 184 do Código Penal.

"o doce é a REPRESENTAÇÃO do afeto em COR, AROMA e Sabor"

Sumário

Inspirações 9

Básicos 12
Quindim atropelado 13
Pão de ló 15
Rocambole 17
Brigadeiro 20
Bolo surpresa 22
Bolo de sorvete 24

Receitas de pirex 26
Banana caramelada 27
Creme Marilena 29
Gelado de maçã 30
Doce de leite com ovos 32
Espera-marido 33
Suspiros, laranja e coco 34
Merengue com creme de café
  e castanha-do-pará 35

Pavês 36
Torta paulista 37
Pavê de bombom 39

Pavê de doce de leite 40
Pavê de brigadeiro 41
Pavê de chocolate 42
Pavê delícia 44

Segredos de liquidificador 46
Bolo de milho 47
Bolo de fubá 48
Bolo de maçã 50
Bolo de cenoura 51
Bolo de banana 53
Bolo milagre 54
Rabanada assada 55

Bolos de batedeira 58
Bolo de "nada" 59
Bolo de laranja 60
Bolo de chocolate 60
Bolo de coco 60
Bolo mármore 61
Bolo formigueiro 61
Bolo de iogurte 62
Bolo de aveia e mel 62

Misturou, assou, está pronto! 63
Bolo nega maluca 64
Bolo de castanha-do-pará 66

Pudins 68
Pudim de leite 69
Pudim de laranja 69
Pudim de coco 70
Pudim de milho 70
Pudim de chocolate 71
Pudim de claras 71
Pudim de pão 73

Tortas 74
Torta de maçã 75
Torta de pera com mel 77
Torta de banana 77
Torta de brigadeiro 78
Torta holandesa 79

Para crianças 80
Sorvete de brigadeiro 81
Chocolate quente da Mema 83
Gelatina tricolor 84
Bruxinha 85
Toalha felpuda 87

Quadradinhos de cristal 88
Bolo molhadinho de Nescau 89
Bolo chumbinho 90

Festas juninas 91
Doce de abóbora 92
Cocada mole 94
Arroz-doce... 95
Curau.. 96
Bolinho de chuva 96
Bom-bocado 98
Bolo de fubá "sequim" 99
Bolo pipoca 99
Quentão 101
Brigadeiro de milho 102
Brigadeiro de paçoca.. 103
Broinha mimosa.. 103

Para cada moça um doce 105
Sobremesa deliciosa 106
Tiramisù 107
Bolo beijinho de coco com uva 109
Pinga de coco 110

A autora 112

Inspirações

De uma embalagem de açúcar retirei a frase que inspira o meu trabalho: "O doce é a representação do afeto em cor, aroma e sabor". Meus clientes mais observadores podem constatar: há um quadrinho com a frase bordada por mim dentro da casa que abriga a minha doceria, Brigadeiro. Aliás, o ponto de cruz é uma das minhas paixões – além de gostar dos animais, de tocar violão, de cantar e, é claro, de cozinhar.

Eu me identifiquei com essa frase à primeira vista, mas não pense que sou uma daquelas mulheres grudentas, amorosas e pegajosas. Nem para as minhas filhas costumo dizer "eu te amo". É claro que as amo, amo meus amigos e minha família, mas acredito que o amor não precisa ser dito, deve ser sentido. Meus mais puros momentos de afeto acontecem na cozinha. Lá eu me entrego e uso o prazer como ingrediente principal.

Neste livro, apresento receitas que, de algum modo, marcaram a minha vida. São todas bem tradicionais e a maior parte é fácil de preparar. Quem tentar fazer em casa descobrirá que os doces, como muitas coisas na vida, não precisam ser muito elaborados para ser bons.

O que você precisa ter na sua cozinha para fazer uma sobremesa?

Para você se dar bem na cozinha não precisa de sofisticação, utensílios importados ou ingredientes exóticos. Encontre os nove utensílios básicos indicados a seguir e terá tudo para fazer um ótimo doce. Quanto aos ingredientes, não se desespere: tudo o que quiser poderá encontrar no mercadinho da esquina. Adicione prazer e improviso, e arrisque!

É uma delícia inventar na cozinha. Por mim, faria um bolo diferente todos os dias. Por sinal, tenho um caderninho precioso cheio de receitas que ainda quero (e vou!) experimentar. Em todo lugar que vou, encontro uma inspiração que deixo guardada no caderno. Quando estou na cozinha, corro os dedos pelas páginas e preparo um doce diferente.

Sempre que faço uma receita nova sou eu quem prova primeiro. Depois, ofereço às minhas filhas – a Bel e a Marina, que trabalham comigo – e então para meu irmão Floriano, que também se juntou à equipe da Brigadeiro. Se for aprovada por todos, entra no cardápio!

Quem comer tudo ganha sobremesa

Não estranhe: as minhas receitas levam muitos ovos mesmo.
É o meu jeito de cozinhar. A massa fica mais volumosa,
mais vistosa e ainda mais deliciosa.

básicos

Começo citando quem está por trás da maioria das receitas deste livro: a Maria José. Ela trabalhava em casa desde que a minha irmã caçula era um bebê – ficou conosco até a minha primeira filha nascer.

Maria era muito mais que cozinheira, empregada doméstica e babá. Era companheira. Eu passava horas com ela, ouvindo histórias das mais engraçadas. Para você ter uma ideia da figura, Maria adotou o sobrenome Presley porque era apaixonada pelo Elvis! Vê se pode! Nossa ligação marcou nossas vidas: ela se casou com o mesmo vestido que usei na minha festa de 15 anos.

Quando saí de casa, a Maria seguiu a vida dela e voltou para a cidade de Colina, que fica perto de Barretos. Minha mãe, então, assumiu a cozinha da casa.

Apesar da distância, Maria nunca nos deixou e sempre vem nos visitar. Beirando os setenta anos, hoje ela trabalha organizando festas para fazendeiros ricos.

Quindim atropelado

A sobremesa sempre foi a parte preferida das refeições na minha família. Maria fazia duas por dia – uma para o almoço e outra para o jantar. Perfeccionista ao extremo, ela caía em prantos quando um doce dava errado. Suas lágrimas geralmente eram derramadas sobre os quindins – nunca acertava o ponto. Talvez esteja aí a origem do meu trauma: eu detesto fazer quindim! Mas, como adoro esse doce, vou dar a receita.

Não se preocupem se ele desmoronar... Uma vez, no início dos trabalhos na Brigadeiro, meu quindim desabou. Como estava uma delícia, prendi o choro e resolvi vendê-lo mesmo assim. Batizei-o de quindim atropelado! E não é que fez o maior sucesso?

Você vai precisar de
- 1 pacote de coco ralado (100 g)
- 20 gemas
- 1 ovo
- 3 xícaras (chá) de açúcar
- 1 colher (sopa) bem caprichada de manteiga

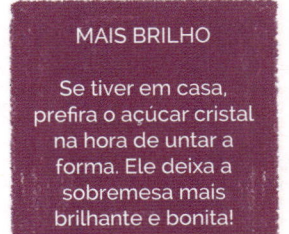

MAIS BRILHO

Se tiver em casa, prefira o açúcar cristal na hora de untar a forma. Ele deixa a sobremesa mais brilhante e bonita!

Preparo

Preaqueça o forno em temperatura baixa (150 °C). Usando um fuet, misture todos os ingredientes até que se forme uma massa homogênea e despeje-a em uma forma de buraco no meio, untada com manteiga e açúcar.

Leve ao forno e asse em banho-maria por cerca de 1 hora.

De tanto fazer essa receita, acabei aprendendo que ela precisa descansar na forma durante meia hora antes de ir ao forno. Isso permite que o coco suba e as gemas desçam, formando aquele creme brilhante.

Pão de ló

Apesar de amar a cozinha, não tenho um acervo de livros de culinária. Pode soar estranho, mas nunca paro para consultá-los. Os poucos que tenho são peças de decoração na Brigadeiro. Eu não vejo necessidade em buscar receitas novas em livros. Busco na vida, no dia a dia, e acho mais que suficiente.

Como muitas das que estão neste livro, esta é uma receita adaptada: misturei vários jeitos de fazer pão de ló e cheguei a uma fórmula fácil e rápida. Não estranhe: ele é feito com água mesmo. E fica delicioso.

Você vai precisar de

- 4 ovos
- 1 xícara (chá) de açúcar
- ½ xícara (chá) de água fria
- 1 xícara (chá) de água morna
- 1 ½ xícara (chá) de farinha de trigo
- opcional: ½ xícara (chá) de chocolate em pó (caso queira pão de ló de chocolate)

DIFICULDADE PARA MISTURAR AS CLARAS EM NEVE?

Acrescente 1 colher (sopa) de fermento em pó às claras em neve já batidas. Assim fica mais fácil misturar.

Preparo

Separe as claras das gemas. Bata as gemas com o açúcar até a massa clarear. Adicione então a água fria. Bata mais e, com a batedeira em velocidade baixa, vá aos poucos acrescentando a farinha de trigo e a água morna. Reserve a mistura.

Bata as claras em neve. Junte-as à massa, mexa até ficar homogênea e leve ao forno preaquecido e em temperatura média (180 °C) por 30 minutos, em forma untada com manteiga e farinha de trigo.

O resultado é um bolo macio e úmido, perfeito para rechear. Para isso, você deve dividir a massa, usando um cortador de bolo, um fio de linha ou uma faca. Se tiver um cortador, esse é o jeito mais simples. Uma vez o meu quebrou, e eu tive de usar uma faca de serra. Coloquei o bolo na altura dos olhos e mandei ver. É mais difícil, mas até que deu certo.

Para variar, se quiser que o pão de ló fique com sabor de chocolate, é só dissolver o chocolate em pó à xícara de água morna.

Rocambole

Na época eu não sabia, mas o rocambole foi o início da Brigadeiro. Esta é uma receita antiga, que a Maria sempre fazia lá em casa. Ela era supercuidadosa: pegava um espeto de churrasco, queimava-o na boca do fogão e usava-o para fazer um desenho xadrez na massa do doce. Eu adorava ver aquilo!

Acabei levando o rocambole para o meu primeiro emprego na cozinha. Em 1991, fui trabalhar no restaurante da minha irmã Ana, o Peso Ideal. Ela estava precisando de alguém para fazer as sobremesas e eu me ofereci. Até então, eu era dona de casa, mas minhas filhas já estavam crescidas e percebi que um dinheirinho extra no fim do mês viria em boa hora.

Por pura inexperiência, comecei do jeito mais caseiro possível: lancei mão do caderno de receitas da minha mãe e passei a fazer docinhos na cozinha da minha casa. Levava os potinhos prontos para o restaurante todos os dias e vendia em uma banquinha. E não é que fiz o maior sucesso? Foi no Peso Ideal que constatei que havia um nicho no mercado: doces simples! As pessoas ficavam loucas por um rocambole – que, para mim, era algo muito comum. Logo, a cozinha de casa deixou de dar conta, e eu tive de montar, junto com a minha irmã, nossa primeira cozinha de doces. Era supersimples: um fogão e uma geladeira de segunda mão, que ficavam no restaurante dela.

Em 1994, Vicente (o pai das minhas filhas) e eu nos separamos. Eu tinha 34 anos e três filhas crescidas. Apesar de ter me divertido muito — pois promovíamos sorteios, festas, eventos —, ganhava muito pouco no restaurante. Como as pessoas não se cansavam de elogiar o meu trabalho e de fazer encomendas, comecei a achar que podia ir mais longe. Com o tempo, fui cozinhando essa ideia em fogo brando. Em 2005, a Isabel, minha filha do meio, se formou em administração de empresas e me propôs abrir a doceria. Levei comigo a cozinha e a Rosângela, minha cozinheira, e assim surgiu a Brigadeiro.

Até hoje, grande parte da minha clientela vem do Peso Ideal. As pessoas continuam me perguntando o segredo do sucesso da minha doceria. Não tem segredo nem sorte nenhuma — tem comprometimento, dedicação e muito trabalho.

No Peso Ideal, eu vendia os doces que gostava de comer, como brigadeiro e pudim, e deu certo. Mas o que pegou de verdade foi o rocambole de doce de leite. Esse não podia faltar — era a minha marca registrada.

Você vai precisar de

- 6 ovos
- 1 xícara (chá) de açúcar
- 1 xícara (chá) de farinha de trigo
- 1 colher (sopa) de fermento em pó

Preparo

A massa do rocambole é bem parecida com a do pão de ló. Bata os ovos com o açúcar até a massa clarear e desligue a batedeira. Peneire a farinha e o fermento e os adicione aos poucos, mexendo a massa levemente à mão.

Em seguida, é só assá-la em uma forma retangular, untada com manteiga e farinha de trigo, em forno preaquecido e em temperatura média (180 °C) por 30 minutos.

Depois de assado, desenforme o bolo em cima de um pano umedecido e polvilhado com açúcar. Escolha um recheio (chocolate, geleia, goiabada, doce de leite, brigadeiro, baba de moça, damasco, entre outros), espalhe-o sobre a massa e enrole.

Deixe o rocambole descansar um pouco, ponha em um prato e decore a gosto. Você pode enfeitá-lo com chantili, fazer desenhos com o garfo ou cobri-lo com calda de chocolate (página 52). Invente e esqueça os doces leves de baixa caloria: doce de verdade tem de lambuzar!

COMO FAZER CHANTILI

Você pode comprar o chantili pronto para enfeitar os seus doces. Se quiser fazê-lo em casa, tenho uma receita superfácil.

Na batedeira, despeje 500 ml de creme de leite fresco com ½ xícara (chá) de açúcar e 1 colher (chá) de essência de baunilha. Bata até dar o ponto do chantili. O único cuidado é não perder o ponto. Se isso acontecer, o creme se transforma em manteiga.

Brigadeiro

Meu brigadeiro não tem segredo algum, mas eu assumo que ele é delicioso. Sempre fez o maior sucesso, tanto na minha loja como no Peso Ideal ou na minha família. Quando ainda era dona de casa, ficava responsável pelos brigadeiros de todas as festas das crianças do prédio. Eu fazia os docinhos dias antes, enrolava e congelava. No dia marcado, era só tirar do congelador antes da festa. É claro que eu fazia sempre um pouco a mais – já contava com os "assaltos" das minhas filhas à geladeira.

O Tiago, meu afilhado querido, é outro apaixonado pelo meu brigadeiro. Ele era uma daquelas crianças que tinha de tudo e todo mundo penava para dar a ele um presente de aniversário! Eu não tinha dúvida: sempre levava uma caixa cheia de brigadeiros do jeitinho que ele gostava: passados no açúcar. Ele se amarrava. Cresceu, casou, mas nunca deixou de me apoiar: curte muito o meu negócio, admira a minha coragem e lê todas as matérias que saem sobre mim na mídia.

Só não pensem que, para ser bom, o brigadeiro tem de estar enrolado na forminha. Brigadeiro de panela é um clássico na minha família! Até hoje, quando dá vontade, faço para as meninas e comemos de colher!

Quem comer tudo ganha sobremesa

Você vai precisar de

- 1 lata de leite condensado
- 1 colher (sopa) de chocolate em pó
- 1 colher (sopa) bem caprichada de manteiga
- 1 colher (chá) de mel

Preparo

Misture na panela o leite condensado, o chocolate em pó, a manteiga e o mel. Talvez esse seja o único ingrediente que não costuma aparecer na maior parte das receitas.

Leve a panela ao fogo, mexendo sem parar, até atingir o ponto desejado: mais firme para enrolar, mais mole para comer de colher.

> **BRIGADEIRO BRANCO**
>
> Leve 1 lata de leite condensado, 2 gemas e 1 colher (sopa) bem caprichada de manteiga ao fogo, de preferência em uma panela antiaderente. Mexa até chegar ao ponto desejado.

Bolo surpresa

É impossível decorar o nome de todos os meus clientes. Por isso, acabo inventando apelidos de acordo com as características mais marcantes de cada um deles. Tem o do topete, a loira bonita, a dos três meninos... e tem a risadinha. Ela, que vinha com uma turminha que vivia rindo de tudo, foi quem me deu a ideia de começar a fazer este bolo.

Eu sou apaixonada por chocolates industrializados. Um belo dia, estava degustando um Sonho de Valsa – que, por sinal, tem um sabor bem brasileiro – e pensei em fazer um brigadeiro inspirado nele. Fiz assim: enrolei uma bolinha de brigadeiro branco, passei uma camada de crocante e envolvi com brigadeiro preto; por cima de tudo, polvilhei farofa de bolachas. Batizei de brigadeiro surpresa e pus à venda. Para minha decepção, o brigadeiro não pegou! Então inverti: brigadeiro preto por dentro e branco por fora, e foi o bastante para o doce se tornar um sucesso! É de longe o preferido do público mais jovem (de dez a trinta anos) e o terceiro mais vendido da loja.

A "risadinha" era fanática pelo brigadeiro surpresa, e um dia me deu uma sugestão: "Por que você não faz um bolo disso?". Fui direto para a cozinha experimentar! E não é que ficou ótimo? O bolo simplesmente se transformou no carro-chefe da Brigadeiro.

O bolo surpresa não é para se pôr na mesa e achar lindo. Por ter uma camada de recheio bem generosa, costuma desmoronar. Já aconteceu de me ligarem reclamando da aparência, mas, se eu mando com menos recheio, também acham ruim... Eu não me importo – afinal, isso não o torna menos gostoso.

A massa nada mais é que um pão de ló (página 15). O segredo está no recheio e na cobertura. O bolo surpresa é isto: um pão de ló recheado com uma generosa camada de brigadeiro tradicional (página 20) e crocante de amêndoas, coberto com brigadeiro branco (página 21). Por cima, peneiro farofa de bolachas.

> **BRIGADEIRO MAIS CREMOSOS**
>
> Adicione ½ lata de creme de leite à receita de cada um dos brigadeiros. Isso vai deixá-los mais cremosos na hora de rechear o bolo.

Para fazer a farofa, é só bater um pacote de bolachas de maisena (ou quanto tiver em casa) no liquidificador e depois peneirá-las sobre o bolo. Você pode comprar o *crocante de amêndoas* já pronto, mas, se quiser fazê-lo em casa, a seguir (página 24) está a receita.

Você vai precisar de

- 1 xícara (chá) de açúcar
- 1 colher (sopa) de manteiga
- 1 xícara (café) de amêndoas

Preparo

Leve ao fogo o açúcar e a manteiga. Quando derreter, adicione as amêndoas. Despeje a mistura em uma superfície de pedra untada com manteiga e deixe esfriar. Depois de frio e duro, embrulhe o crocante em um pano e triture-o com um martelo. Se tiver um liquidificador potente, também poderá usá-lo.

CROCANTE DE AMÊNDOAS

O crocante de amêndoas pode ser aproveitado para acompanhar muitas outras guloseimas. Fica ótimo em pavês ou sobre sorvete!

Bolo de sorvete

Ainda usando a massa do pão de ló (página 15), este é um bolo que parece supersofisticado, apesar de ser bem fácil de preparar.

Você vai precisar de

- sorvete de creme
- chantili
- frutas cristalizadas
- sorvete de chocolate
- opcional: biscoitos decorativos

> **CAMADAS PERFEITAS**
>
> Para os sorvetes não se misturarem, deixe o bolo gelar até ficar endurecido depois de espalhar cada camada de sorvete.

Preparo

Divida a massa crua de pão de ló (página 15) em duas formas, sendo pelo menos uma delas de fundo falso, e asse-a.

Desenforme o bolo da forma comum e use o bolo da forma de fundo falso como base para montar o recheio: faça uma camada de sorvete de creme, uma camada de chantili com frutas cristalizadas e uma camada de sorvete de chocolate. Cubra com o segundo pão de ló assado. Depois, é só abrir a forma.

Para facilitar o seu trabalho, o bolo pode ir para a mesa no próprio fundo da forma. Para finalizar, passe chantili em volta e em cima do bolo. Se quiser, decore com biscoitos. Fica lindo!

Um adendo: a ideia aqui é improvisar e descomplicar. Portanto, se não tiver frutas cristalizadas, ou se preferir variar os sabores de sorvete, fique à vontade. Esse bolo pode ser feito com qualquer sorvete industrializado. Use o que tiver em casa.

RECEITAS de PIREX

    Eu gosto das receitas de pirex porque elas são muito práticas. Apesar de amar a minha cozinha, quando recebo alguém na minha casa não quero me preocupar com o preparo da comida.

    Minha família é muito animada, e faço de tudo para não perder nem um minuto das nossas reuniõezinhas. Se eu tiver de ficar na cozinha enquanto o pessoal se diverte na sala, ah, viro bicho! Por isso, já deixo tudo pronto e esquematizado: comida de forno (nada de frituras que tenham de ser preparadas na hora), frutas para a caipirinha e sobremesas de pirex.

    A preguiça de ir ao supermercado e a minha capacidade de inventar são tão grandes que, quando vou fazer um doce, escolho a receita baseada no que tenho em casa.

    Estas sobremesas deliciosas, preparadas no próprio pirex em que são servidas, são ótimas opções para quem, como eu, gosta de praticidade. Todas elas trazem lembranças das minhas férias de colégio, quando juntávamos a família toda e íamos passar uma temporada na praia. Não tinha um dia em que a minha mãe não improvisasse um doce fácil e delicioso para a molecada.

Banana caramelada

Aprendi esta receita com a minha mãe, mas quem a trouxe para a casa da minha família foi a Maria. Era o doce preferido do meu irmão.

Na época em que ele serviu no Exército, a Maria preparava uma travessa de banana caramelada para recebê-lo nos dias de folga. Mesmo assim, esperá-lo com a sobremesa não era o bastante: as pernas dele, doídas da rotina de marcha, ganhavam uma massagem da Maria toda vez que ele voltava para casa. Quanto mimo!

Brincadeiras à parte, meu irmão é superquerido. Nós temos um relacionamento muito íntimo e aberto. Ele implicava comigo quando éramos crianças, dizia que eu era filha da Maria. Às vezes eu até acreditava, porque eu não sou nada parecida com a minha mãe. Sou a cara do meu pai.

A banana caramelada não é muito simples de fazer, mas tem a vantagem de ser bem versátil: é servida quente no inverno e gelada no verão.

Você vai precisar de

- bananas nanicas (o suficiente para cobrir o fundo do pirex)
- 2 ½ xícaras (chá) de açúcar
- 1 litro de leite
- 6 gemas
- 3 colheres (sopa) de maisena
- opcional: nozes picadas
- opcional: gotas de essência de baunilha

Preparo

Primeiro, disponha rodelas de banana no fundo de um pirex, até completar a superfície. Se quiser e tiver em casa, adicione nozes picadas (ou castanhas-do-pará, castanhas-de-caju, amêndoas). Isso dá um toque especial à sobremesa. Faça uma calda com 1 xícara (chá) de açúcar e despeje sobre as bananas. Não se preocupe: a calda não vai ser suficiente para cobrir todo o pirex.

Faça um creme com o leite, 1 ½ xícara (chá) de açúcar, as gemas, a maisena e, se quiser, gotas de essência de baunilha. Despeje sobre as bananas. Depois disso, faça um suspiro com as claras separadas.

Você vai precisar de

- 6 claras
- 1 pitada de sal
- 1 xícara (chá) de açúcar

Preparo

É fácil: bata as claras com a pitada de sal até elas crescerem e alcançarem o ponto de neve. Adicione o açúcar aos poucos e continue batendo até formar um suspiro. Espalhe-o por cima do creme e leve ao forno preaquecido e em temperatura alta (200 °C) até que os suspiros fiquem dourados conforme o seu gosto. Se o clima estiver quente, você pode gelar a sobremesa. Fica uma delícia. E, no friozinho, nada como comê-la assim que ficar pronta.

Creme Marilena

Não sei de onde veio o nome deste doce. Como estava escrito assim no caderno de receitas da minha mãe, assim ficou. O creme é uma versão simplificada da receita de banana caramelada. É uma sobremesa simples e gostosa, que a minha mãe fazia em um piscar de olhos.

Meus pais sempre foram um casal bem tradicional. Lembro que a minha mãe sofria para agradar o meu pai. Até hoje as refeições na casa deles têm uma fartura de sobremesas. Na última vez em que eu fui lá tinha arroz-doce, goiabada com queijo, dois sabores de sorvete e suspiros. E a minha mãe ainda se desculpou por não ter oferecido muita coisa...

Esse doce ela fazia em momentos de desespero, quando meu pai resolvia chegar mais cedo e não tinha sobremesa em casa. Em um pirex, ela dispunha suspiros cobertos com o creme da banana caramelada (página 27) e polvilhava açúcar cristal. Era pa-pum! Aliás, ninguém faz suspiros iguais aos da minha mãe – nem eu. Até hoje ela faz potes e potes para o meu pai.

Por que suspiros?

Você vai reparar que este livro é cheio de receitas com suspiros e isso não é por acaso. Na minha casa havia uma lata sempre cheia deles, que minha mãe já deixava prontos. Ela nunca jogava fora as claras dos ovos que usava para cozinhar e as aproveitava para fazer os suspiros. Por isso, sempre que queríamos improvisar uma sobremesa podíamos contar com essas delícias. No mundo prático de hoje, compre suspiros prontos!

Gelado de maçã

Este doce parece um pavê e é super-refrescante. Tem o gostinho da minha infância!

Você vai precisar de
- 6 maçãs descascadas
- 2 xícaras (chá) de açúcar

Quem comer tudo ganha sobremesa

- 1 xícara (chá) de água
- gotas de essência de baunilha
- 1 lata de leite condensado
- 1 lata de leite
- 4 gemas
- 1 pacote de biscoitos tipo champanhe

> **VESTIDO DE GALA**
>
> Quando servir um jantar, faça este doce em taças individuais – fica um charme!

Preparo

Corte as maçãs em gomos e cozinhe-as em uma calda feita com o açúcar, a água e as gotas de essência de baunilha, até que fiquem macias. Reserve.

No fogo, faça um creme com o leite condensado, o leite e as gemas.

Escorra as maçãs, mas use a calda para molhar os biscoitos tipo champanhe. Forre o fundo do pirex com os biscoitos molhados. Espalhe o creme e, sobre ele, disponha os gomos da maçã como preferir. Leve à geladeira.

Doce de leite com ovos

Esta é uma compota diferente e fácil de fazer – uma deliciosa sobremesa!

Você vai precisar de

- 6 ovos
- ½ lata de leite condensado
- 1 lata de leite
- 1 xícara (chá) de açúcar
- ½ xícara (chá) de água
- 2 colheres (sopa) de manteiga
- canela em pó a gosto
- opcional: essência de baunilha

Preparo

Em um recipiente, quebre os ovos e desmanche as gemas. Adicione o leite condensado, o leite e, se quiser, gotas de essência de baunilha. Reserve.

Leve ao fogo o açúcar, a água e a manteiga. Mexa até a calda ficar morena. Acrescente a mistura à calda e deixe ferver sem mexer. A aparência será a de ovos mexidos.

O doce criará a consistência de compota. Disponha-o em um prato bonito e polvilhe com canela. Está pronto!

Espera-marido

Este é um doce bem brasileiro. Em cada região do país ele é feito com um sabor diferente: leite, leite de coco, laranja. Vou ensinar o último porque é o meu preferido, mas fique à vontade para inventar o seu.

Você vai precisar de
- 1 ½ xícara (chá) de açúcar
- ½ xícara (chá) de água
- 5 ovos
- 1 xícara (chá) de leite
- 1 xícara (chá) de suco de laranja

Preparo

O modo de fazer é bem parecido com o do doce de leite com ovos (página 32). Faça uma calda com o açúcar e a água, e deixe-a fervendo. Enquanto isso, em um recipiente separado, misture os ovos, o leite e o suco de laranja. Despeje essa mistura na calda, dê uma mexidinha nos ingredientes e deixe ferver sem mexer mais. Fica pronto em 10 ou 15 minutos, assim que o doce adquirir a aparência de compota.

Fácil, não? Daí seu nome: uma receita que a minha mãe preparava rapidinho antes de o maridão chegar.

Suspiros, laranja e coco

Meu pai oferecia muitos jantares sofisticados de negócios quando eu era criança. Lembro que a Maria costumava fazer esta sobremesa, que é bonita, deliciosa e facílima de preparar. Ela dispunha em um prato grande uma mistura de suspiros com chantili, gomos de laranja e coco ralado. Em dias de feijoada na minha casa, também era esse o doce escolhido. Ele é mais leve que bolos e tortas, e o gostinho da laranja tem tudo a ver com o feijão.

Você vai precisar de
- laranjas
- chantili
- suspiros
- coco ralado

Preparo

Corte as laranjas em gomos, disponha-os em um prato ou pirex e misture a eles chantili (página 19) e suspiros. Por cima, salpique o coco ralado. Nada impede, entretanto, que você invente a sua própria sobremesa de suspiros. Troque laranja e coco por morangos e outras frutas vermelhas, por exemplo, e você terá um delicioso merengue.

Quem comer tudo ganha sobremesa

Merengue com creme de café e castanha-do-pará

Este é um doce forte e pesado, ótimo para o inverno.

Você vai precisar de
- 1 tablete de manteiga (200 g)
- 1 xícara (chá) de açúcar
- 6 gemas
- 1 xícara (chá) de café pronto bem forte
- 1 xícara (chá) de castanhas-do-pará moídas
- suspiros
- chantili
- calda de chocolate

Preparo

Na batedeira, bata a manteiga com o açúcar e as gemas, adicionando uma de cada vez, até que o creme fique branco. Ainda na batedeira, em velocidade baixa, acrescente o café pronto e as castanhas-do-pará moídas.

Depois é só montar a sobremesa: uma camada de suspiros, uma de creme, uma de chantili e uma de calda de chocolate (página 52).

PAVÊS

Quando minhas filhas eram pequenas, eu morava em um prédio cheio de crianças. Naturalmente, acabei ficando responsável pelos doces das inúmeras festinhas de aniversário. Apesar de terem feito o maior sucesso, eu nunca quis trabalhar com isso – as mães costumam cobrar muito e eu ficaria aflita se não correspondesse às expectativas.

Eu não tenho neura com a aparência dos doces e não consigo nem pensar em sofisticação. A mesma coisa com bolos de casamento: na minha opinião, eles têm de ser feitos para comer, não para serem fotografados. No casamento da minha filha Dani, fiquei responsável pelas sobremesas. Foi tudo feito à base de brigadeiro: delicioso!

Os pavês são doces que, apesar de simples e suculentos, enganam os mais sofisticados com sua aparência vistosa. Nenhum deles é difícil de fazer, e todos causam uma bela impressão.

A base de todos os pavês é esta aqui: camadas alternadas de bolachas de maisena, biscoitos tipo champanhe ou pão de ló com cremes variados. O gostoso é inventar o sabor. Neste capítulo estão as minhas sugestões.

Torta paulista

Esta receita é um clássico brasileiro. Minha mãe fez muito essa sobremesa em casa. Eu me lembro dela torrando e descascando o amendoim. Depois, era eu que ia para o jardim assoprar as cascas. Com a correria dos dias de hoje, não vale a pena fazer isso – é melhor comprar o amendoim já pronto.

Ainda não consegui que a minha torta paulista fique tão boa quanto a da minha mãe. Sempre que eu a faço minhas filhas dizem: "Não é igual à da vovó". Acho mesmo que nunca vou conseguir essa façanha, porque minha mãe cozinha de um jeito muito diferente do meu: ela, que sempre foi muito certinha, obedece à risca a receita. Eu não – adapto-a à minha maneira.

Você vai precisar de

- 2 xícaras (chá) de amendoim sem sal e pelado ou farinha de amendoim pronta
- 1 tablete de manteiga (200 g)
- 2 xícaras (chá) de açúcar
- 6 gemas
- 2 latas de creme de leite sem soro
- 2 pacotes de bolachas de maisena

Preparo

Bata o amendoim no liquidificador até que ele fique moído. Reserve.

Para fazer o creme, bata a manteiga, o açúcar e as gemas, adicionando uma de cada vez, até que o creme fique branco. Depois acrescente o creme de leite e o amendoim moído. Bata até que se forme um creme amanteigado com gostinho de amendoim.

Em uma forma, disponha camadas de bolachas de maisena alternadas com camadas de creme. Reserve um pouco do creme para passar em volta do pavê depois de desenformado. Leve o doce à geladeira e, quando endurecer, desenforme. Isso requer cerca de 4 horas, mas você pode deixá-lo dormir na geladeira de um dia para o outro. Quando tirar da geladeira, é só passar o creme reservado e servir.

DOCE DE LEITE PARA FINALIZAR

Se preferir, em vez do mesmo creme você pode passar doce de leite mole em volta do pavê – incrementa o doce e fica uma delícia!

PAVÊ DE NOZES

Uma variação da torta paulista é o pavê de nozes – como o nome sugere. É só substituir o amendoim por nozes.

Pavê de bombom

Sou mais um Sonho de Valsa que chocolates caseiros ou importados. Acho que é por isso que gosto tanto deste pavê que faço com eles, mas não se prenda ao Sonho de Valsa – use qualquer bombom à venda nos supermercados.

Você vai precisar de

- 4 ovos
- 1 lata de leite condensado
- 2 latas de leite
- 2 colheres (sopa) de maisena
- 1 pacote de bolachas de maisena
- 1 pacote de bombons
- 1 ½ xícara (chá) de açúcar
- 1 lata de creme de leite

Preparo

Separe as claras das gemas. Reserve.

Leve o leite condensado, as gemas, o leite e a maisena ao fogo e mexa bem, até a mistura engrossar e se tornar um mingau básico. Tire do fogo e adicione à mistura as bolachas de maisena esmigalhadas com a mão. Disponha esse creme no fundo de um pirex.

Pique os bombons da vez – podem ser Bis, Sonho de Valsa, Twix ou qualquer um da sua preferência. Espalhe, por cima do creme, uma camada de bombons picados. Bata as claras em neve com o açúcar e o creme de leite. Despeje essa mistura no pirex e está pronto o seu pavê de bombom!

> **COMBINAÇÃO DELICIOSA**
>
> Enfeite o doce com bombons ou calda de chocolate (página 52). Combina superbem!

Pavê de doce de leite

Este pavê só leva doce de leite, bolachas e chantili – é delicioso! Ainda melhor porque você não precisa de fogão, batedeira, ou liquidificador para fazê-lo!

Você vai precisar de
- *1 pacote de bolachas de maisena*
- *1 copo de leite*
- *2 latas de doce de leite*
- *chantili*
- *opcional: licor ou conhaque*

Preparo

Em uma forma ou pirex, disponha em camadas: bolachas de maisena embebidas em leite (se quiser, adicione licor ou conhaque), doce de leite e chantili (página 19). Prontinho!

Se quiser, você pode vestir o seu pavê para uma festa: cubra com calda de chocolate (página 52), salpique nozes, ou então disponha morangos com raspas de chocolate. Invente!

Pavê de brigadeiro

Nada mais é que um brigadeiro mole com bolachas. Quem gosta de um doce simples (e bem doce!) como eu, vai adorar. O gosto deste pavê é parecido com o da Bruxinha (página 85), mas ele é mais cremoso. Eu o inventei logo que abri a loja, porque queria que cada uma das categorias de doces – pavês, bolos, tortas – tivesse uma variação de brigadeiro.

Você vai precisar de
- 1 lata de leite condensado
- 1 lata de leite
- 4 gemas
- 1 colher (sopa) bem caprichada de manteiga
- ½ xícara (chá) de chocolate em pó

- 1 colher (sopa) de mel
- 2 colheres (sopa) de maisena
- 1 pacote de bolachas de maisena

Preparo

Em uma panela, leve ao fogo o leite condensado, o leite, as gemas, a manteiga, o chocolate em pó, o mel e a maisena, até que a mistura se torne um mingau.

Depois de pronto, esmigalhe um pacote de bolachas de maisena no mingau, mexa bem e disponha em uma forma ou pirex. Leve à geladeira e delicie-se! Se quiser, pode inventar uma cobertura — fique à vontade.

Pavê de chocolate

Eu adorava ver a minha mãe preparando este doce. Apesar de eu não gostar muito de biscoitos tipo champanhe, adoro esse pavê: tem o gostinho da minha infância. O creme, então, é delicioso! Eu ficava sempre por perto para roubar algumas colheradas antes de a sobremesa ser montada. Minha mãe, com aquela mania de fazer receitas supercertinhas, enlouquecia!

Quem comer tudo ganha sobremesa

Você vai precisar de

- 1 tablete de manteiga (200 g)
- 2 xícaras (chá) de açúcar mais o suficiente para fazer uma calda
- 6 gemas
- 1 xícara (chá) de chocolate em pó
- ½ xícara (chá) de leite
- rum a gosto
- 1 xícara (chá) de água
- 1 pacote de biscoitos tipo champanhe

ENFEITE SEU DOCE

Você pode usar a sua criatividade na hora de montar esse doce. Eu costumava fazer uma pirâmide com os biscoitos tipo champanhe. Depois de gelado, você pode passar um garfo no creme para fazer desenhos decorativos!

Preparo

Na batedeira, bata a manteiga com as duas xícaras de açúcar, adicionando uma gema de cada vez, até formar um creme branco.

À parte, dissolva o chocolate em pó no leite. Com a batedeira ligada em velocidade baixa, junte o chocolate ao creme bem devagar.

Misture o açúcar e rum a gosto à água. Molhe nessa mistura os biscoitos tipo champanhe. Agora é só montar: em um prato bonito, disponha camadas alternadas de biscoitos e creme, até acabar. Reserve um pouco de creme para passar em volta do pavê depois de pronto. Leve o prato à geladeira.

Pavê delícia

O pavê delícia é o segundo item mais vendido na minha loja – ele só perde para o bolo surpresa. Acho que sei o motivo: ele é um doce branco e preto. É impressionante como essa mistura faz sucesso entre o público! Quem me deu a ideia de fazer este pavê foi a minha filha Dani, que comeu a sobremesa em um restaurante. O preparo é um pouco demorado – tem muitas etapas –, mas fica gostoso.

Você vai precisar de

- 13 gemas
- 2 ¼ tabletes de manteiga (450 g)
- 3 ½ xícaras (chá) de açúcar
- 1 ½ lata de creme de leite
- 2 ½ xícaras (chá) de chocolate em pó
- 7 claras
- 1 pacote de bolachas de maisena
- 1 xícara (chá) de leite
- leite condensado
- amêndoas torradas

Quem comer tudo ganha sobremesa

Preparo

Esse doce é feito em três etapas.

Primeiro, o creme: bata 1 tablete de manteiga com 1 ½ xícara (chá) de açúcar, 6 gemas e, por último, 1 lata de creme de leite. Reserve.

Depois, faça uma musse batendo 1 ¼ tablete de manteiga com 2 xícaras (chá) de açúcar, 7 gemas, chocolate em pó e ½ lata de creme de leite.

Bata as 7 claras em neve e junte-as à musse, misturando delicadamente.

Por fim, resta a montagem: alterne camadas de creme, bolachas de maisena umedecidas no leite, e musse. Deixe na geladeira por aproximadamente 4 horas. Desenforme e regue com muuuuuito leite condensado. Jogue muuuuuitas amêndoas torradas por cima e pronto: está feito um doce campeão de vendas!

Segredos de liquidificador

Leonardo da Vinci dizia que a simplicidade é o último grau da sofisticação. Concordo com ele: o que faço é o doce do dia a dia, diferente das supervalorizadas sobremesas refinadas.

Essa filosofia é tão presente na minha vida que até bordei a frase de Da Vinci em um quadro que fica em uma das salas da minha doceria. A mensagem serve tanto para a vida pessoal como para a profissional. Para que complicar se a gente pode sempre simplificar?

Falando em praticidade, conto um segredo: o liquidificador é um ótimo aliado na hora de preparar doces. Tem gente que acha que doce bom é aquele que você passa horas elaborando. Ninguém precisa saber que, para fazer um gostoso bolo de milho, um tradicional bolo de cenoura e até uma bandeja de rabanadas para a ceia do Natal você não precisa nem de uma batedeira.

Neste capítulo há oito receitas deliciosas e fáceis de fazer – você precisará apenas de um liquidificador. Teste e veja como elas ficam prontas em um piscar de olhos.

Quem comer tudo ganha sobremesa

Bolo de milho

Foi no supermercado que encontrei a receita do bolo de milho que hoje é servido na Brigadeiro. Avistei na prateleira uma revista de receitas que dizia "Bolos de liquidificador". Fui dar uma olhada e lá estava um ótimo jeito de fazer um dos bolos que eu ainda não tinha no cardápio. Guardei a receita na cabeça, cheguei em casa e experimentei: fez o maior sucesso. Eu o servi em uma festa junina e acabou se tornando item permanente da loja – um dos produtos mais encomendados. E a melhor notícia: é o bolo mais simples do mundo!

Você vai precisar de
- *2 latas de leite condensado*
- *2 latas de milho verde escorrido*
- *6 ovos*
- *1 xícara (chá) de coco ralado*
- *1 colher (sopa) de manteiga ou margarina*
- *1 colher (sopa) de fermento em pó*

Preparo

Bata todos os ingredientes no liquidificador até que se forme uma mistura homogênea. Se você gosta do bolo mais cremoso, bata bastante; se prefere aquela massa mais grossa, não precisa exagerar.

> **PARA NÃO GRUDAR**
>
> Na hora de untar a forma, use manteiga com açúcar – como essa massa é muito líquida, ela costuma grudar na farinha de trigo.

Leve ao forno preaquecido e em temperatura média (180 °C). Asse por cerca de 40 minutos. Um segredo para saber se o bolo está pronto é balançar a forma – se a massa não tremer, está na hora de tirar do forno. Depois de pronto, você pode polvilhar açúcar cristal por cima – ele dá um charme especial ao bolo. Essa receita é grande (serve 20 pessoas), então sugiro que você use uma forma de 30 centímetros de diâmetro. Não se preocupe com o tamanho dele: o bolo de milho fica ainda mais gostoso no dia seguinte.

Bolo de fubá

Eu procurava uma boa receita de bolo de fubá havia tempos. Queria saber fazer um daqueles que levam queijo e ficam com uma camada cremosa no centro. Até que uma das cozinheiras da Brigadeiro chegou à loja com uma receita escrita em papel de pão pela mãe dela. Topei experimentar – e ficou maravilhoso. Mudei somente uma coisinha: como ficou doce demais, tirei um pouco do açúcar.

Você vai precisar de

- 1 litro de leite
- 3 xícaras (chá) de açúcar
- 1 ½ xícara (chá) de fubá
- ½ xícara (chá) de farinha de trigo
- 4 ovos
- 1 pacote de coco ralado (50 g)
- 1 pacote de queijo ralado (50 g)
- 1 colher (sopa) de fermento em pó

Preparo

Bata todos os ingredientes, coloque a mistura em uma forma untada e ponha no forno preaquecido e em temperatura média (180 °C) para assar. Não se assuste se achar a massa muito líquida. É assim mesmo, parece uma vitamina. E outra coisa: se o seu liquidificador não for grande, não vai caber tudo no copo. Dê um jeitinho brasileiro: bata metade da receita e separe em um recipiente; depois bata a outra metade e junte as duas partes!

Bolo de maçã

Esta receita é da época em que eu trabalhava no restaurante da minha irmã. Uma cliente a trouxe, contando que uma tia, já falecida, costumava prepará-la. Tentei fazer em casa e ficou uma delícia. O segredo não é inventar bolos novos: é adaptar os que já existem. Às vezes uso fórmulas consagradas, mas, quando ponho a mão na massa, fica diferente. Isso é afeto, um ingrediente que não pode faltar nunca.

Você vai precisar de

- 3 maçãs
- 1 xícara (chá) de nozes picadas
- 1 xícara (chá) de uvas-passas
- 3 xícaras (chá) de farinha de trigo
- 5 ovos
- 1 xícara (chá) de óleo
- 2 xícaras (chá) de açúcar
- 2 colheres (sopa) de baunilha
- 1 xícara (café) de licor de cacau
- 1 colher (sopa) de fermento em pó

Preparo

Em um recipiente, pique as maçãs com casca, adicione as nozes, as uvas-passas e a farinha de trigo. Mexa e reserve.

No liquidificador, bata os ovos, o óleo, o açúcar, a baunilha, o licor de cacau e o fermento em pó.

Despeje a mistura no recipiente com as maçãs já preparadas, mexa bem e leve para ao forno preaquecido para assar em temperatura média (180 °C) por 40 minutos. Esse bolo lembra um panetone, então é uma ótima opção para fazer na noite de Natal.

Bolo de cenoura

Todo mundo deve ter uma receita de bolo de cenoura em casa, mas aqui vai uma sugestão: exagere na cenoura! O meu é bem laranjinha por causa disso: leva mais cenoura que o normal. Quanto à cobertura, fique à vontade: brigadeiro mole ou o que preferir. A seguir dou também a minha receita básica de calda de chocolate.

Você vai precisar de

- 4 cenouras médias picadas grosseiramente
- 2 xícaras (chá) de açúcar
- 1 xícara (chá) de óleo

- 5 ovos
- 1 colher (sopa) de fermento em pó
- 3 xícaras (chá) de farinha de trigo peneirada

Preparo

Bata as cenouras picadas com o açúcar, o óleo, os ovos e o fermento em pó, até que se forme uma mistura homogênea. Em um recipiente, peneire a farinha de trigo. Despeje a massa aos poucos no recipiente, enquanto mistura utilizando um fuet. Quando a farinha de trigo for incorporada à massa, ponha em uma forma untada e leve ao forno preaquecido para assar em temperatura média (180 °C) por 40 minutos. Depois de pronto, cubra o bolo com brigadeiro mole ou calda de chocolate.

Depois de tentar muitas vezes, cheguei a uma receita de *calda de chocolate* superfácil e deliciosa.

Você vai precisar de

- 1 xícara (chá) de leite
- ½ xícara (chá) de açúcar
- ½ xícara (chá) de chocolate em pó
- 1 colher (sopa) de manteiga

Preparo

Leve todos os ingredientes ao fogo baixo e mexa até dar o ponto da sua preferência.

Bolo de banana

Este bolo é um dos campeões de vendas na Brigadeiro. Tenho clientes que vão à loja só por causa dele e eu adoro comê-lo quando está quente, recém-tirado do forno! O melhor de tudo é que, como todas as receitas deste capítulo, o bolo de banana é superfácil de fazer. É uma boa pedida para quando as suas bananas já estiverem maduras demais – aproveite-as, nada de jogar comida fora!

Você vai precisar de
- De 3 a 6 bananas nanicas maduras
- 1 xícara (chá) de óleo
- 2 xícaras (chá) de açúcar
- 5 ovos
- 1 colher (sopa) de fermento em pó
- 3 xícaras (chá) de farinha de rosca
- Açúcar e canela a gosto ou calda de chocolate

Preparo
Antes de começar, reserve algumas rodelas de banana para enfeitar a massa. Depois disso, bata o óleo, o açúcar, os ovos, o fermento em pó e até 6 bananas nanicas maduras.

Em seguida, vá despejando essa mistura em um recipiente já com a farinha de rosca, enquanto mexe com um fuet. Quando a massa estiver homogênea, despeje-a em uma forma retangular ou de buraco no meio (de 30 centímentros de diâmetro), untada com manteiga e farinha de rosca.

Antes de levar ao forno, enfeite a cobertura com rodelas de banana, açúcar e canela a gosto. Leve ao forno preaquecido para assar em temperatura média (180 °C) por 40 minutos.

Se você não tiver muitas frutas para utilizar, pode improvisar: em vez de decorar a massa com rodelas de banana, polvilhe somente açúcar e canela ou espalhe calda de chocolate (página 52) por cima do bolo depois de pronto.

Bolo milagre

Esta receita não leva nenhuma farinha e se transforma em bolo... É ou não é um milagre? Quem me ensinou a fazê-lo foi a minha mãe.

Você vai precisar de
- *1 lata de leite condensado*
- *1 pacote de coco ralado (100 g)*
- *3 ovos*

- 1 vidro de leite de coco (200 ml)
- 1 colher (sopa) de manteiga
- 1 colher (sopa) de fermento em pó

Preparo

Depois de bater tudo no liquidificador, é só levar ao forno preaquecido para assar em temperatura média (180 °C) por 40 minutos. Como essa receita é pequena, use uma forma de 20 centímetros de diâmetro. E pode acreditar — com certeza ela vai "dar bolo"!

Rabanada assada

Esta é uma tradição na minha família — faz sucesso não só nas festas de fim de ano. Também chamada de "torta de pão", a rabanada é uma receita muito simples. Por aproveitar pão velho, considero-a especial: faz mesmo parte da minha filosofia de vida não jogar comida fora. Se, em algum momento, eu não puder inventar nenhum doce, alimento as nossas mascotes na doceria. Jogar fora é que não! Portanto, adapte a sua receita — se não tiver a quantidade exata de pães, faça mesmo assim!

Você vai precisar de

- 7 ou 8 pães amanhecidos
- 1 litro de leite
- 2 xícaras (chá) de açúcar
- 6 ovos
- açúcar e canela a gosto
- opcional: passas ou maçã picada a gosto

> **APROVEITANDO O TEMPO**
>
> Ponha as rabanadas para assar durante o almoço. Na hora da sobremesa, elas estarão prontinhas para sair do forno.

Preparo

Corte os pães amanhecidos em rodelas de um dedo de espessura e disponha-as em uma forma untada com manteiga e açúcar.

Bata o leite com o açúcar e os ovos no liquidificador, até formar um creme. Aos poucos, e bem devagar, vá despejando o creme sobre as rodelas de pão. Parece que é muito creme, mas é assim mesmo: o pão tem de ficar bem molhadinho. Assente essa mistura com as próprias mãos e deixe-a descansar na geladeira por no mínimo 2 horas (eu costumo deixar de um dia para o outro). Passado o tempo de descanso, polvilhe açúcar e canela e leve ao forno preaquecido para assar em temperatura média (180 °C). Tire do forno aproximadamente 30 minutos depois, quando o pão estufar.

Quem comer tudo ganha sobremesa

    Essa receita é um sucesso, principalmente por não haver fritura no preparo, como em geral são feitas as rabanadas. Mais uma vez, fique à vontade para inventar. Você pode, por exemplo, enfeitá-las com passas ou pedacinhos de maçã.

Bolos de batedeira

Gosto de aproveitar ao máximo o tempo que passo com a minha família. Apesar de amar a cozinha, não troco filhas, netos e amigos por ela. Por isso, não abro mão da praticidade.

Em casa nunca faltou sobremesa nem festa, boemia e socialização. Para conseguir participar de tudo, eu tive de bolar um jeito de continuar a fazer meus doces sem ficar presa à cozinha. E não é que eu consegui?

Não demorou muito para eu aprender que a maioria das receitas de bolos e doces presentes no cardápio da família brasileira são variações de uma única receita básica. Depois de aprendida essa receita, é só usar a criatividade. Entendeu por que todas as receitas deste capítulo são facílimas de fazer?

Preste atenção às instruções a seguir e depois é só brincar com os sabores! A base é a mesma! As variações aqui presentes são apenas sugestões que fazem muito sucesso tanto na minha casa como na minha doceria. Nada impede que você crie seu próprio sabor.

Bolo de "nada"

Bolo de "nada"? Isso mesmo, de "nada" – nenhum sabor para lhe dar o nome. Esta é a receita básica para muitos e muitos bolos, todos os que você quiser criar. Poderia até ser chamada de bolo de "tudo"...

Você vai precisar de

- 5 ovos
- 1 tablete de manteiga ou margarina (200 g)
- 2 xícaras (chá) de açúcar
- 1 xícara (chá) de leite
- 3 xícaras (chá) de farinha de trigo
- 1 colher (sopa) de fermento

Preparo

Separe as claras das gemas. Reserve.

Bata a manteiga com o açúcar, até que ele seja incorporado. Vá adicionando os outros ingredientes: primeiro as gemas e então o leite, alternando com a farinha de trigo.

Bata as claras em neve, acrescente o fermento e misture à massa do bolo.

Depois, asse no forno preaquecido e em temperatura média (180 °C) por 40 minutos.

Bolo de laranja

Para fazer um bolo com gostinho de laranja, basta substituir a xícara de leite por 1 xícara (chá) de suco de laranja.

Bolo de chocolate

Para fazer um bom bolo de chocolate, basta acrescentar à receita básica 1 xícara (chá) de chocolate em pó. Pode ser qualquer achocolatado – o melhor ingrediente é aquele que está disponível em casa para você usar.

Bolo de coco

Se você trocar o leite da receita original por 1 xícara (chá) de leite de coco, está feito o seu bolo de coco.

Quem comer tudo ganha sobremesa

Bolo mármore

Para fazer aquele bolo com metade branca e metade escura, divida a massa em dois recipientes. Em um deles, adicione ½ xícara (chá) de chocolate em pó. Disponha uma das massas por cima da outra na forma e ponha para assar.

Bolo formigueiro

Para fazer o seu bolo formigueiro, troque o leite da receita básica por 200 ml de leite de coco e adicione ½ xícara (chá) de coco ralado e ½ xícara (chá) de granulado para brigadeiro.

Bolo de iogurte

Se você trocar o leite da receita básica por iogurte natural, terá um delicioso bolo de iogurte! Se gosta de massas bem macias, vale a pena experimentar: o iogurte proporciona essa característica especial ao bolo.

Se quiser incrementar, despeje por cima dele uma musse de limão: é só bater 1 lata de leite condensado com o suco de 2 limões.

Bolo de aveia e mel

Desta vez, vamos mexer na farinha. Troque uma das xícaras (chá) de farinha de trigo por 1 xícara (chá) de aveia. Depois de sair do forno, fure a massa e regue-a com mel.

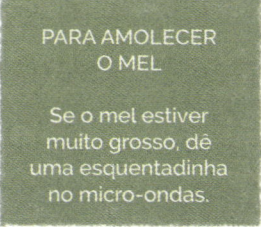

> **PARA AMOLECER O MEL**
>
> Se o mel estiver muito grosso, dê uma esquentadinha no micro-ondas.

misturou, assou ESTÁ PRONTO!

Sou contra dar mais valor às coisas mais trabalhosas. Meu pensamento sobre a comida não tem nada de complicado: quanto mais gostosa, melhor! Nos capítulos anteriores, ensinei a fazer bolos de batedeira e bolos de liquidificador, tudo de maneira simples e rápida.

Aquelas receitas podem até suprir sua necessidade de doces no dia a dia, mas imagine só a seguinte situação: você está de férias em uma casa de praia ou em um chalé na montanha. Deu vontade de comer bolo, mas não se tem à mão nem batedeira nem liquidificador. E agora?! Engole seco e espera a vontade passar? Vai até a esquina e compra um bolo de padaria?

Calma, eu tenho uma solução melhor. Neste capítulo estão duas delícias que, para ficarem prontas, é só misturar tudo e colocar no forno para assar! E não pense que elas não sejam deliciosas: o bolo nega maluca é preferência entre a maioria das crianças da minha família. As mães reclamam de sua aparência rústica, mas eu nem ligo: não há satisfação maior do que a aprovação dos pequenos!

Bolo nega maluca

Quando eu me casei, copiei as receitas da minha mãe. É engraçado folhear antigos cadernos de receitas — as pessoas tinham a mania de batizar os pratos com o nome de quem deu a receita. No da minha mãe tem doces da dona Eleusa, vovó Lita, tia Zezé, tia Lucinha, tia Teté. Achei pelo menos oito bolos de chocolate diferentes — um de cada tia.

Esta receita é a base para todos os bolos de chocolate da minha doceria. Ela veio da minha tia Teté. Modifiquei-a um pouquinho até chegar ao meu nega maluca.

Por ser um bolo pesado, não é muito bom para rechear — a tendência a desmoronar é grande —, mas, como ele combina muito bem com brigadeiro, eu o recheio assim mesmo! É um bolo delicioso e você não precisa de batedeira nem de liquidificador para prepará-lo. Basta um recipiente e uma colher de pau, e em poucos minutos você faz a massa. Depois, é só levar ao forno e esperar ficar pronto.

Você vai precisar de

- 2 xícaras (chá) de farinha de trigo
- 2 xícaras (chá) de açúcar
- 1 xícara (chá) de chocolate em pó
- 1 colher (sopa) de fermento em pó
- 4 ovos
- 1 xícara (chá) de óleo
- 1 xícara (chá) de água quente

Preparo

Primeiro, misture a farinha de trigo, o açúcar, o chocolate e o fermento em pó em um recipiente.

Quando a mistura seca estiver homogênea, vá adicionando, aos poucos, os ovos e o óleo. Mexa bem, e, por fim, acrescente a água quente. Agora é só misturar tudo até ficar homogêneo e pôr no forno preaquecido para assar em temperatura média (180 °C) por 40 minutos.

Depois de pronto, se quiser brincar com o sabor, você pode abusar: essa massa fica uma delícia recheada com brigadeiro (página 20), coberta com calda de chocolate (página 52) e combina muito bem com sorvete.

BOLO DE CHOCOLATE POUCO DOCE

Como já contei, prefiro os doces mais doces, mas, por insistência da minha clientela na Brigadeiro, acabei inventando este aqui. Nada mais é que um nega maluca recheado com uma ganache feita com chocolate meio amargo.

Bolo de castanha-do-pará

A receita deste bolo de castanha-do-pará também é da minha tia Teté. Ela é uma pessoa muito querida, que acompanhou toda a minha infância. Minha mãe diz que gostaria de ter tido mais um filho só para que ela fosse a madrinha. Apesar de não ter amadrinhado ninguém da minha família, tia Teté nunca deixou de estar presente.

Você vai precisar de
- 3 ovos
- 150 gramas de manteiga
- 3 xícaras (chá) de açúcar
- 1 xícara (chá) de chocolate em pó
- ½ xícara (chá) de leite aquecido
- 1 xícara (chá) de castanhas-do-pará picadas
- 2 xícaras (chá) de farinha de trigo
- 1 colher (chá) de fermento em pó

Preparo

Em um recipiente, misture com um fuet — um a um e na ordem em que estão listados — todos os ingredientes.

Leve ao forno preaquecido a 200 °C. O segredo dessa receita é acertar a hora de tirar o bolo do forno. Ele não cresce muito, fica baixinho como um brownie. Eu demorei para aprender o ponto certo. A casquinha perde o brilho da massa e dá uma rachadinha, e o bolo parece ainda estar cru. Cada forno é um forno, mas o processo costuma demorar mais ou menos 30 minutos.

Não ao bolo ressecado e às bordinhas rejeitadas!

Para o bolo não ressecar, umedeça a massa pronta com uma mistura de licor e água em um borrifador. Para os bolos brancos, substitua o licor por uma calda de água, açúcar e baunilha. Outra coisa: já reparou que, em uma festa, a maioria das pessoas descarta a bordinha do bolo? Ela costuma ressecar antes do miolo. Assim, se você for rechear um bolo, guarde parte do recheio para passar em volta dele. Isso o manterá úmido e gostoso.

PUDINS

O pudim é um dos doces preferidos da família brasileira. Dá para imaginar a cena: pai, mãe e duas crianças sentados à mesa da sala de jantar. Os adultos acabam de comer em menos de vinte minutos, mas o garoto ainda enrola para terminar, apoiando o cotovelo ao lado do prato e usando seu garfo mais para brincar com a comida do que para comer. Até que a sábia mãe fala a frase mágica: "Quem comer tudo ganha sobremesa".

Imediatamente, os olhinhos das crianças brilham e elas devoram tudo, completando a refeição com um copo de água para preparar a boca para o grande prêmio por tal sacrifício: um suculento pudim de leite com bastante calda.

Assim como acontece com os bolos de batedeira, os diferentes sabores de pudins derivam de uma receita básica. Vou ensinar o clássico pudim de leite e sugerir alguns sabores que ficam bem gostosos. Não se prenda a isso – arrisque doces novos!

Também dou a receita de um pudim de claras e uma de pudim de pão, ambos com um significado afetivo bastante especial para mim.

Pudim de leite

Clássico dos clássicos, não há quem não saboreie com prazer um gostoso pudim de leite.

Você vai precisar de
- 1 xícara (chá) de açúcar
- 1 lata de leite condensado
- 1 lata de leite
- 4 ovos

> **TEMPERATURA PARA DESENFORMAR**
>
> Não espere o pudim esfriar para desenformá-lo! Se você fizer isso enquanto o doce ainda estiver morno, as chances de o pudim quebrar são menores.

Preparo

Primeiro, caramelize uma forma de furo com 20 centímetros de diâmetro com o açúcar.

Bata o leite condensado, o leite e os ovos no liquidificador. Despeje a massa na forma e leve-a ao forno preaquecido e em temperatura média (180 °C), em banho-maria, por 1 hora.

Pudim de laranja

Para um gostoso pudim de laranja, substitua a lata de leite por 1 lata de suco de laranja.

Pudim de coco

Troque a lata de leite por 1 lata de leite de coco e terá um pudim de coco.

Pudim de milho

Já para o pudim de milho não há trocas nem substituições – apenas adicione à receita básica 1 lata de milho verde. Depois de batida no liquidificador, você pode peneirar ou não a mistura, conforme a sua preferência.

> **PENEIRAR OU NÃO O MILHO?**
>
> Se você preferir um pudim mais grosso, não peneire o milho. Se gostar mais homogêneo e liso, peneire os grãos.

Pudim de chocolate

Basta acrescentar à receita básica 1 xícara (chá) de chocolate em pó para fazer um pudim de chocolate. Lembre-se: use o que estiver disponível em casa.

Pudim de claras

Pouca gente conhece este pudim, mas eu não entendo por quê: ele é supersimples de fazer e fica muito gostoso. Sempre que eu o faço penso no Vicente, meu ex-marido. Ele é de uma família italiana que valoriza muito mais os pratos salgados. Até que fomos a um restaurante e ele provou um pudim de claras. Eu disse a ele: "Minha mãe sabe fazer igual". Pronto: isso bastou para que ele se viciasse no pudim para sempre – o Tinho, que é como eu o chamo, ainda hoje me liga para perguntar a receita.

Você vai precisar de
- 6 ovos
- 1 pitada de sal
- 1 xícara (chá) mais 8 colheres (sopa) de açúcar

Preparo

Separe as claras das gemas. Reserve as gemas. Bata as claras com uma pitada de sal até dar o ponto de neve firme. Acrescente 8 colheres (sopa) de açúcar, uma a uma, até incorporá-las bem. Em uma forma (de buraco no meio), faça uma calda com 1 xícara (chá) de açúcar, untando toda a forma. Despeje as claras batidas e leve ao forno preaquecido e em temperatura média (180 °C), em banho-maria por aproximadamente 50 minutos. Desenforme quente, assim que tirar do forno.

A seu gosto – você pode comer esse pudim puro, apenas com a calda de açúcar, com um creme inglês ou com baba de moça. Para mim, a cobertura de *baba de moça* é um clássico! Então, aqui vai a receita:

Você vai precisar de
- 7 gemas (as que você havia reservado da receita de pudim mais uma)
- 200 ml de leite de coco
- 1 colher (sopa) de manteiga
- 1 xícara (chá) de açúcar
- ½ xícara (chá) de água

Preparo

Misture as gemas com o leite de coco e a manteiga. Reserve. Em uma panela, faça uma calda com o açúcar e a água, até borbulhar grosso. Despeje a mistura de gemas na panela de uma só vez e mexa até formar um creme. Pronto: agora é só cobrir o pudim de claras.

Pudim de pão

Para fechar este capítulo de pudins, reproduzo uma receita que encontrei no caderno da minha mãe, mais pelo delicioso texto do que pelo doce em si. Ele acaba com qualquer tese que diga que receita de doce tem de ser exata! Delicie-se com o pudim de pão da tia Laurinha.

Preparo

Coloque em uma tigela meia dúzia de pães amanhecidos, leite morno que cubra, açúcar que adoce, manteiga, mais ou menos uma colher de noz-moscada e uma caixinha de passas. Deixe dissolver bem o pão e esfriar. Junte 3 ou 4 ovos, vinho do Porto e ponha para assar em forma untada com calda queimada.

TORTAS

Ainda hoje me pergunto por que não fiz gastronomia. Na verdade, isso nem passou pela minha cabeça quando chegou a hora de eu decidir minha profissão. Acabei cursando publicidade e propaganda, um tema que me fascina, mas não teve jeito: a vida me levou à cozinha.

Eu gostava tanto da cozinheira da minha casa que, quando era criança, "brincava de Maria". Não era diferente da clássica brincadeira de dona de casa, mas, para mim, era especial.

Colhia plantinhas no jardim, pegava uma tábua de madeira e uma faca e brincava de preparar comidinhas. Era uma delícia ser a Maria! Minha mãe é que ficava uma fera de me ver o dia inteiro na cozinha em vez de brincar no jardim ou no meu quarto.

O engraçado é que eu não cozinho desde cedo. Quando criança, até tentava pôr a mão na massa, mas a Maria era meio brava e não me deixava fazer tudo. Para ela, cozinhar era coisa séria, de adulto. Fui cozinhar de verdade depois que me casei e tive as minhas filhas. Peguei um caderno de receitas da minha mãe, resgatei minhas memórias de infância e mandei ver.

Torta de maçã

Foi com a Maria que eu aprendi a fazer esta torta de maçã. Lembro-me muito bem do cuidado com que ela decorava o doce recém-saído do forno. O cheiro delicioso dessa torta me lembra dos bons tempos da infância.

Você vai precisar de
- 2 xícaras (chá) de farinha de trigo
- 1 tablete de manteiga (200 g)
- 3 colheres (sopa) de açúcar
- maçã a gosto
- açúcar e canela a gosto
- opcional: creme de leite a gosto
- opcional: açúcar de confeiteiro

Preparo

Usando as mãos, misture a farinha de trigo, a manteiga e o açúcar, até obter uma massa macia e lisa. Pode ser necessário umedecê-la (tanto faz usar um pouco de leite, água ou mais manteiga) ou então acrescentar mais farinha de trigo para alcançar a consistência certa.

Prepare o recheio com as maçãs picadas (com casca), polvilhando-as com açúcar e canela.

A Maria preparava a torta assim: uma camada de massa, uma camada de maçã, mais uma camada de massa e nova camada de maçã.

Dá certo trabalho dispor uma camada de massa entre as duas de recheio. Então simplifiquei: forro a forma com uma camada de massa, adiciono a maçã, cubro com farofa de massa e, por cima, despejo creme de leite. Depois disso é só levar direto ao forno a 180 °C, por 40 minutos.

Se quiser dar um toque extra, enfeite com açúcar de confeiteiro e mais um pouquinho de canela.

FAROFA DE MASSA

Para fazer a farofa é muito simples. A base é a mesma da massa, mas em proporções um pouco diferentes. Misture 1 xícara (chá) de açúcar, 1 xícara (chá) de farinha e aproximadamente ½ tablete de manteiga (100 g), que é o suficiente para se obter uma farofa, não chegando ao ponto de massa.

Torta de pera com mel

É uma variação da torta de maçã. Em vez de fazer em camadas, misturo a farofa de massa com peras picadas e mel. Quanto à quantidade de frutas, utilize aquelas que tiver em casa. Dizem que é mais difícil cozinhar doces do que salgados, que as receitas de sobremesa têm de ser seguidas à risca. Isso é lenda: na prática acontece o contrário – os pratos salgados são muito mais difíceis. Quando quiser fazer um doce, use o que tem ao seu alcance e adapte a receita – dará tudo certo!

Torta de banana

Adivinhe como você pode fazer uma torta de banana! Isso mesmo: troque a maçã da receita original por banana. Se quiser variar ou aproveitar frutas, faça uma torta de banana com maçã – é só misturar as duas frutas.

Torta de brigadeiro

Esta foi mais uma boa sugestão da minha filha Dani, que adora achar outros doces para eu fazer. Ela comeu esta torta em um restaurante e foi correndo me contar. Eu não inventei nada – o que fiz foi juntar uma massa que eu já fazia, com um brigadeiro que eu já fazia, e um crocante que eu já fazia: nasceu uma nova sobremesa!

A torta de brigadeiro é uma sobremesa deliciosa, muito pedida na minha loja, e feita com a mesma massa usada na torta de maçã (página 75). Forre uma forma rasa com a massa e leve ao forno preaquecido em temperatura média (180 °C) para assar até que fique dourada. Recheie com brigadeiro mole (página 21) e cubra com crocante de amêndoas (página 24). Fica bem doce, mas o pessoal adora. Tem muita gente que se diz viciada nessa torta. Para mim isso é um elogio – afinal, qual vício não é gostoso?

Você também pode variar e adicionar morangos, por exemplo. Outra sugestão: eu costumo fazer de beijinho de coco com uvas verdes (página 109) – fica uma delícia!

Quem comer tudo ganha sobremesa

Torta holandesa

Sempre achei lindo este clássico, mas o gosto dele nunca me agradou muito... Por isso, fiz a minha própria receita, que não tem nada a ver com o creme amanteigado das tortas tradicionais. Adaptei meu pavê de brigadeiro até chegar à minha versão de torta holandesa.

Você vai precisar de
- 1 lata de leite condensado
- 1 xícara (chá) de leite
- 4 gemas
- 2 colheres (sopa) de manteiga
- 1 pacote de bolachas de maisena
- 1 pacote de biscoitos Calipso (ou similar)

Preparo

No liquidificador, bata o leite condensado, o leite, as gemas, a manteiga e a maisena. Leve a mistura ao fogo e mexa até se tornar um mingau. Quando levantar fervura, adicione as bolachas de maisena picadas à mão. Enforme, em uma forma de fundo falso, e deixe na geladeira até endurecer. Ao desenformar, faça uma ciranda com biscoitos Calipso em volta da torta e cubra com calda de chocolate (página 52).

PARA CRIANÇAS

As festas de aniversário na minha família eram sempre bem açucaradas! Eu me lembro de fazer rocambole com o formato do número da idade ou com as iniciais do nome do aniversariante.

Para os meus sobrinhos Fernando e Luísa todos os anos eu fazia o mesmo rocambole. Eles eram chatos para comer, e o rocambole, por ser delicioso e simples, era um dos poucos doces de que gostavam.

Até hoje adoro cozinhar para os pequenos – o gosto deles é simples e sem frescuras, como o meu. E é exatamente essa simplicidade que me fascina.

Muitas crianças frequentam a minha doceria. Talvez pelo ambiente descontraído, ou então por ser cheia de bichinhos – por sinal, ainda não contei: as nossas mascotes também têm nomes de doces!

Diferentemente dos adultos, que preferem doces bonitos, leves e pouco açucarados – que contradição... –, crianças gostam de doce doce de verdade! E eu também. Por isso, reservei um capítulo especial só para elas. São receitas que comi muito na minha infância e até hoje faço em casa quando bate aquela saudade. Lambuzem-se!

Sorvete de brigadeiro

Minha avó materna, Maria Amélia, foi uma mulher à frente do seu tempo. Dedicada aos estudos e ao trabalho, ela implantou o serviço de voluntariado no Hospital das Clínicas, que funciona até hoje (na foto, ela está sentada na ponta direita da mesa). Apesar de não ganhar um tostão, minha avó trabalhava o dia todo e isso fez com que ela não pudesse se dedicar muito à cozinha. Ainda assim, algumas receitas dela marcaram a minha infância, e eu me esforço para manter essa tradição culinária na família.

O sorvete de brigadeiro esteve presente em todas as quartas-feiras da minha infância. Nesses dias, as mulheres e as crianças da família iam almoçar na casa da minha avó. O curioso é que — sem exceção — nós sempre degustávamos o mesmo cardápio: bife à milanesa com maionese, batata frita, arroz, feijão e, de sobremesa, o sorvete de brigadeiro.

A receita não passa de um brigadeiro congelado — mas, acredite, é uma delícia. Perfeito para aquelas crianças que adoram se lambuzar.

Você vai precisar de

- 1 lata de leite condensado
- 1 lata de leite
- ½ xícara (chá) de chocolate em pó
- 1 gema

Preparo

Bata tudo no liquidificador. Despeje a mistura em uma panela, leve ao fogo médio e mexa até levantar fervura. Desligue o fogo e espere esfriar. Passe o brigadeiro em uma peneira, despeje em um pote grande (se quiser sorvete de massa) ou em forminhas (se quiser picolés) e leve ao congelador.

COMO FAZER PICOLÉS?

Não tente colocar os palitos logo de cara, pois eles não vão se fixar na massa. Leve as forminhas de sorvete ao congelador e só enfie os palitos um pouco antes de a massa endurecer.

Chocolate quente da Mema

Além do sorvete de brigadeiro, a Mema — apelido dado pela minha irmã à mesma avó Maria Amélia — servia às crianças nos dias mais frios um delicioso e cremoso chocolate quente. Pode parecer banal, mas não é. O chocolate quente da Mema guarda um segredinho que o torna divino: feito na panela, ele é adoçado com leite condensado e engrossado com gemas de ovos.

Você vai precisar de
- 1 ½ litro de leite
- 1 lata de leite condensado
- 2 xícaras (chá) de chocolate em pó
- 2 gemas

Preparo
Esquente o leite enquanto aproveita para bater no liquidificador os outros ingredientes. Depois, despeje os ingredientes batidos na panela do leite e mexa até ferver.

As gemas são o pulo do gato! Deixam a bebida diferente de qualquer chocolate quente que você já tenha tomado. Quando a minha avó o fazia, ninguém sabia qual era o segredo dela. Achávamos que era maisena, mas ela não desmentia nem contava para ninguém! Hoje eu sei o segredo, e esse é o chocolate quente que sirvo na doceria.

Gelatina tricolor

Esta é uma gelatina superfácil de fazer, com três camadas de cores. Pode ser feita direto no pirex, é bem refrescante para os dias de calor e faz o maior sucesso com as crianças.

Você vai precisar de
- 4 ovos
- 1 lata de leite condensado
- 2 latas de leite
- 1 pacote de gelatina vermelha com sabor
- 4 colheres (sopa) de açúcar

Preparo
Separe as claras das gemas e reserve. Para fazer o mingau, bata no liquidificador o leite condensado, o leite e as gemas. Leve a mistura ao fogo em uma panela e mexa até que a consistência fique cremosa, como um mingau. Disponha-o no fundo de um pirex.

Faça a gelatina vermelha (a minha preferida é a de cereja!) de acordo com as instruções da embalagem e reserve. Bata as claras em neve com o açúcar. Adicione a gelatina às claras, mexendo até que se forme uma mistura cor-de-rosa. Despeje essa mistura no pirex sobre o mingau e leve à geladeira.

> **APRESENTAÇÃO PARA FESTAS**
>
> Experimente preparar essa gelatina em taças individuais! Fica um charme nas festas de aniversário das crianças.

Você deve estar pensando que essa gelatina tricolor só tem duas cores... Acontece que a porção vermelha da mistura decanta e forma uma camada dessa cor entre o creme claro e o cor-de-rosa — gelatina tricolor!

Bruxinha

É mais comum chamar este doce de "palha italiana", mas sempre o conheci como "bruxinha". É uma delícia e pode ser feito na hora de comer! Quando precisávamos de uma sobremesa rápida durante as férias na casa de praia, era essa que a minha mãe fazia. Não há quem não goste.

Você vai precisar de
- 1 lata de leite condensado
- 2 colheres (sopa) de chocolate em pó
- 1 colher (sopa) de manteiga
- 1 lata de creme de leite
- 1 pacote de bolachas de maisena

Preparo

Para improvisar uma bruxinha não tem segredo nenhum. Primeiro faça o brigadeiro: em uma panela, adicione o leite condensado com o chocolate em pó e a manteiga, até dar o ponto. Por último, adicione o creme de leite. Desligue o fogo e então adicione as bolachas de maisena trituradas à mão. Pronto!

Que tal variar? Em vez de brigadeiro, faça beijinho de coco (página 110) e misture com nozes! Eu tenho um livrinho vermelho em que anoto boas ideias. Tem de tudo naquelas páginas: receitas, decoração, pensamentos – tudo bem bagunçado. A bruxinha de beijinho está lá: vale a pena experimentar.

Toalha felpuda

Faça um bolo de coco de batedeira (página 60) em uma forma retangular. Depois que tirá-lo do forno, regue-o com esta mistura:

Você vai precisar de
- 1 lata de leite condensado
- 1 lata de leite
- 1 xícara (chá) de coco ralado

Preparo

Não se assuste: a calda é bem líquida mesmo e não, não precisa ir ao fogo. O esperado é que o bolo chupe todo esse líquido e que o coco fique por cima. Leve à geladeira, deixe descansar bastante e só então corte em quadrados. Você pode embalar os pedaços em saquinhos individuais e essa é uma ótima ideia para festas infantis. Um clássico!

Quadradinhos de cristal

As crianças se amarram neste bolo porque o açúcar cristal o deixa crocante. Não tem segredo nenhum e faz sucesso tanto no dia a dia como em festas infantis.

Você vai precisar de

- 4 ovos
- 2 ¼ tabletes de manteiga (450 g)
- 3 ½ xícaras (chá) de açúcar
- 3 xícaras (chá) de farinha de trigo
- 1 colher (sopa) de fermento em pó
- 1 xícara (chá) de água
- açúcar cristal a gosto

Preparo

Separe as claras das gemas e bata as claras em neve. Reserve.

Em outro recipiente, bata a manteiga, 1 ½ xícara (chá) de açúcar, as gemas e a farinha. Depois, junte as claras em neve a essa mistura e adicione o fermento.

Preaqueça o forno a 180 °C. Unte e enfarinhe uma forma, despeje a massa e asse por 40 minutos. Depois de frio, corte-o em quadradinhos e faça uma calda rala com as 2 xícaras (chá) de açúcar e a água. Mergulhe cada quadradinho do bolo nessa calda e passe no açúcar cristal.

ID
Bolo molhadinho de Nescau

Este bolo também marcou a minha infância. Minha mãe o fazia na praia e nem o desenformava: cada um cortava o seu pedaço e, em algumas piscadas, já não havia mais nada na forma.

Você vai precisar de

- ½ tablete de manteiga (100 g)
- 3 xícaras (chá) de açúcar
- 4 ovos
- 2 xícaras (chá) de farinha de trigo
- 1 xícara (chá) de Nescau
- 2 xícaras (chá) de leite
- 1 colher (sopa) de fermento em pó
- 1 colher (chá) de essência de baunilha

Preparo

Bata a manteiga com 2 xícaras (chá) de açúcar, até clarear. Adicione os ovos (um a um), a farinha de trigo, o Nescau, 1 xícara (chá) de leite e o fermento em pó.

Asse em forma retangular, levando ao forno preaquecido a 180 °C, por 40 minutos. Depois de assado, molhe o bolo com esta mistura: 1 xícara (chá) de leite quente, 1 xícara (chá) de açúcar e a essência de baunilha.

Bolo chumbinho

O chumbinho nada mais é que um bolo nega maluca (página 64) com recheio de brigadeiro (página 20) e as crianças o adoram! Ele tem esse nome porque espalho por cima aquelas bolinhas de chocolate preto e branco – um dos poucos produtos industrializados aos quais eu me rendo.

Apesar de não ser bonito ou chamativo, já fez muito sucesso em festas infantis. Criança não liga para essas coisas, e é por isso que adoro cozinhar para elas. Quando a Marina fez um ano, preparei um bolo chumbinho para a festinha de aniversário dela!

As festas hoje são feitas pelos bufês e tudo tem de estar perfeito. Os bolos podem até ser mais bonitos, mas duvido que sejam tão gostosos como um bolo chumbinho. O filho de uma amiga especial não abre mão: todos os anos o seu bolo de aniversário tem de ser esse – não há reconhecimento mais gostoso!

FESTAS JUNINAS

Minha doceria serve pipoca e quentão durante todo o mês de junho, além de incluir mais de vinte itens especiais no cardápio (tudo escrito em caipirês, é claro!).

A produção não é para menos: a tradição de Festa Junina sempre foi muito forte na minha casa. Isso porque minha irmã Ana faz aniversário em julho e, como esse é um mês de férias escolares, nós costumávamos comemorar no fim de junho com a temática caipira. Minha mãe fazia até um bolo de pipoca!

Quando a Ana tinha o restaurante Peso Ideal, seguíamos a tradição: em junho eu vendia doces vestida de noiva – vê se pode! Bons tempos! Meu cunhado e eu inventávamos brincadeiras, promoções e eventos temáticos para atrair a clientela. Era uma bagunça gostosa!

Não é tão difícil produzir uma festinha junina. Quer arriscar? Apresento algumas receitas de guloseimas caipiras que você pode degustar não apenas em junho.

Doce de abóbora

Eu morro de ciúme da minha cozinha. Passo por lá a toda hora para ver como anda o preparo dos doces. Se pudesse, eu me transformaria em várias Bias e faria tudo sozinha.

Preparar uma receita não é somente ler aquilo que está no papel. Enquanto cozinho, penso, adapto e crio outras receitas. É por isso que demoro muito a ter confiança de que alguém vá fazer do meu jeito. É sempre um sofrimento ter de ensinar um doce aos meus funcionários – eu me sinto como uma mãe que abandona um filho. O grande lance da cozinha é ter prática – bem mais que técnica. E isso leva tempo.

É por todos esses motivos que sempre guardo algumas receitas só para mim. Ou mudo uma receita que já passei adiante.

O doce de abóbora sou eu mesma que faço, aos quilos, todos os anos. Olha que loucura: cozinho – sozinha – cinquenta quilos de abóbora! E ainda faço um pouquinho a mais para distribuir para a família. Minhas filhas e o Tinho não ficam sem doce de abóbora! Na última vez em que cheguei em casa com um pouco dele, rolou até disputa entre as meninas – as duas estavam grávidas!

Quem comer tudo ganha sobremesa

Era a minha mãe quem sempre fazia essa sobremesa na minha casa, e todo mundo dizia que era o melhor doce de abóbora do mundo! Ela, que sempre foi quietinha, boazinha e perfeccionista, adorava receber esse tipo de elogio. Demorou até que eu pegasse o jeito, mas aprendi. Minha mãe dizia que o segredo era a abóbora, mas descobri que, na verdade, é acertar o tempo de descanso. Quer saber como?

Você vai precisar de
- 1 kg de abóbora cortada em cubos
- ½ kg de açúcar refinado ou cristal
- cravo e canela a gosto

Preparo
Cubra a abóbora com o açúcar e acrescente cravo e canela a gosto.

Deixe descansar na panela até formar um caldo. Somente então ligue o fogo e ponha o doce para cozinhar por mais ou menos 30 minutos. Fica bem grosso, docinho e com gostinho caseiro.

AÇÚCAR REFINADO OU AÇÚCAR CRISTAL?

O meu palpite para este doce é usar açúcar cristal: ele deixa a calda mais espessa e brilhante. Não deixe de fazer o doce se só tiver açúcar refinado – aproveite o que tem em casa!

Cocada mole

Foi também a minha mãe quem me ensinou a fazer cocada mole, doce para comer de colher. É uma tradição na nossa família até hoje. A Daniela, minha filha mais velha, quando era pequena, o chamava de "malelo", por causa da cor amarela da cocada. Por isso, a família a chama de "doce de malelo", apesar de ninguém de fora entender isso antes dessa explicação...

Você vai precisar de

- 1 xícara (chá) de água
- 1 ½ xícara (chá) de açúcar
- 4 ou 5 cravos
- 1 pacote de coco ralado (100 g)
- 6 gemas
- 1 ½ tablete de manteiga (300 g)

> **OPÇÃO DE RECHEIO**
>
> Como esta cocada é feita para comer de colher, você também pode usá-la para rechear um bolo ou um rocambole.

Preparo

Faça uma calda na panela usando a água, o açúcar e os cravos. Mexa até conseguir uma calda de consistência média — nem muito rala nem muito grossa. Fora do fogo, adicione à calda o coco ralado, as gemas e a manteiga. Mexa e volte a panela para o fogo. Deixe ferver e desligue quando as gemas cozinharem.

Quem comer tudo ganha sobremesa

Arroz-doce

Eu ainda era recém-casada quando fui passar um fim de semana na fazenda de amigos e provei este arroz-doce. Era bem amarelinho, diferente dos que encontramos por aí, e descobri que ele levava muitas gemas na receita – desde esse dia é como faço o meu arroz-doce. Fiquei viciada nele: cheguei a acordar de madrugada para assaltar a geladeira! Que vergonha...

Você vai precisar de
- 2 litros de água
- 1 xícara (chá) de arroz
- 1 lata de leite condensado
- 1 xícara (chá) de açúcar
- 6 gemas

Preparo

Ponha a água para ferver. Despeje o arroz na água fervente e deixe cozinhar até quase secar.

À parte, misture o leite condensado com o açúcar e as gemas. Acrescente essa mistura ao arroz, mexa e espere ferver. Não estranhe a ausência do leite – o leite condensado o substitui e ainda deixa o doce mais cremoso.

Curau

Eu gosto de curau para comer de colher. Se você preferir curau mais firme, é só aumentar a quantidade de maisena à receita.

Você vai precisar de
- 1 lata de milho verde sem água
- 2 latas de leite
- 1 lata de leite condensado
- 1 colher (sopa) de maisena

Preparo
Bata bem os ingredientes no liquidificador, até que todo o milho se quebre e seja incorporado à massa. Passe na peneira, despeje na panela e leve ao fogo até dar o ponto.

Bolinho de chuva

Adoro a função de fritar bolinhos de chuva! E a massa é superfácil de fazer!

Quem comer tudo ganha sobremesa

Você vai precisar de
- 1 xícara (chá) de farinha de trigo
- 2 colheres (sopa) de açúcar
- 1 ovo
- 1 colher (chá) de fermento em pó
- leite até o ponto
- óleo para fritar
- açúcar e canela a gosto
- opcional: brigadeiro ou goiabada para rechear

Preparo

Mexa, com a ajuda de um fuet, a farinha, o açúcar, o ovo e o fermento em pó.

Enquanto mistura, vá acrescentando leite na massa, até que ela adquira a consistência de um mingau grosso, para que não se desmanche na hora de fritar. Cuidado para não pôr muito leite – adicione aos pouquinhos.

Depois, é só fritar colheradas da massa em óleo bem quente. Escorra os bolinhos, passe no açúcar e na canela e delicie-se!

E não é que até com bolinhos de chuva podemos ser criativos? Imagine que delícia recheá-los com goiabada ou com brigadeiro (página 20)! Para recheá-los, lance mão de uma injeção de confeiteiro. Invente os seus sabores!

Bom-bocado

Com esta receita, você pode fazer um bolo ou dividir a massa em forminhas!

Você vai precisar de
- 1 lata de leite condensado
- 200 ml de leite de coco
- ½ xícara (chá) de açúcar
- 6 ovos
- 100 g de coco ralado
- 50 g de queijo ralado
- 1 colher (sopa) de fermento em pó
- 1 colher (sopa) de farinha de trigo

Preparo
Bata tudo no liquidificador e despeje em uma forma (de buraco no meio). Leve ao forno preaquecido em temperatura média (180 °C) por 40 minutos ou até que esteja moreninho por cima.

Bolo de fubá "sequim"

Na época das festas juninas, gosto de dar nomes caipiras para os doces novos que entram no cardápio da Brigadeiro. Esta receita é do bolo de fubá clássico, mas eu o identifico como bolo de fubá "sequim". O outro que já ensinei aqui (página 48) é mais "molhadim". Para fazer essa delícia siga os passos do bolo de "nada" (página 59), substituindo o leite por leite de coco, trocando uma das xícaras (chá) de farinha de trigo por 1 xícara (chá) de fubá, e adicionando 1 colher (chá) de erva-doce.

Bolo pipoca

Por causa da sua aparência bacana, este doce desperta muito a curiosidade das pessoas. Ele pode ser feito de várias cores: vermelho, verde, azul, rosa. Este bolo não passa de pipoca doce enformada, mas é um pouco trabalhoso de fazer e pede alguns ingredientes que provavelmente você não terá em casa.

Você vai precisar de

- 1 xícara (chá) de milho de pipoca
- 2 xícaras (chá) de açúcar
- 1 ½ xícara (chá) de água
- 1 xícara (chá) de glicose de milho (à venda em lojas especializadas)
- 1 colher (sopa) de vinagre
- 1 colher (sopa) de essência de baunilha
- 1 colher (sopa) bem caprichada de manteiga
- corante (qualquer cor)

CORANTE?

Se você não quiser usar corante, tudo bem – seu doce vai ficar branco e não menos gostoso –, mas pense comigo: se o intuito é decorar uma festa, é legal dar uma cor, e essa é a graça do bolo de pipoca... O corante da calda pode ser de qualquer cor, você decide. Também pode fazer várias receitas – uma de cada cor – e montar uma em cima da outra. Ou então usar uma forma de coração – fica uma belezura!

Preparo

Leve o milho ao fogo, prepare a pipoca e reserve.

Faça uma calda com o açúcar, a água, a glicose de milho, o vinagre, a essência de baunilha e o corante.

Quando a calda estiver fervendo, despeje-a na pipoca e misture tudo. Use a manteiga para facilitar o processo: com a colher coberta de manteiga, vá misturando a calda e a pipoca. Enforme ainda quente, protegendo as mãos para não ter queimaduras.

Quentão

Sei muito bem que o quentão é uma bebida, mas tradição é tradição. Aqui vai a minha receita, pois este é um clássico que não pode faltar na sua festa junina!

Você vai precisar de

- 1 xícara (chá) de açúcar
- 1 limão em rodelas
- 1 pedaço de gengibre picado grosseiramente
- cravo e canela a gosto
- 2 xícaras (chá) de água
- 1 xícara (chá) de cachaça

REGULE O TEOR ALCOÓLICO

Esta receita é forte, mas você pode regular o teor alcoólico adicionando até mais 1 xícara (chá) de água.

Preparo

Em uma panela, faça uma calda com o açúcar, o limão, o gengibre picado, o cravo e a canela. Acrescente a água e deixe ferver por 3 minutos. Adicione então a cachaça.

Brigadeiro de milho

Bolo de milho, arroz-doce, curau, pipoca e... brigadeiro de milho!

Você vai precisar de
- 1 lata de leite condensado
- 1 lata de leite
- 1 lata de milho verde sem água
- 1 colher (sopa) de manteiga

Preparo
Bata todos os ingredientes no liquidificador e passe-os na peneira. Leve ao fogo e mexa até dar o ponto de sua preferência — mais mole para comer de colher ou mais firme para enrolar.

Brigadeiro de paçoca

Outra tradição junina, a paçoca combina muito bem com brigadeiro!

Você vai precisar de
- 1 lata de leite condensado
- 1 colher (sopa) de manteiga
- 2 paçoquinhas amassadas

Preparo
Leve ao fogo e mexa até dar o ponto de sua preferência — mais mole para comer de colher ou mais firme para enrolar.

Broinha mimosa

"Os netos são a sobremesa da vida." Ouvi essa frase e me identifiquei. Não por achar que netos chegam no fim da vida, mas porque eles são deliciosos — uma parte nobre da vida, assim como são os doces em relação às refeições. Enquanto finalizo este livro, dois netos invadem a minha vida e isso tem me inspirado muito: eu quero estar bem para curtir a minha família, quero me organizar para que sobre tempo para eles. Minha filha Bel tinha acabado de ter o meu primeiro neto – o Joaquim – quando eu me lembrei desta receita. Fiz algumas broinhas e levei para ela. Fez tanto sucesso com as visitas que eu resolvi registrar aqui porque, cá para nós, combina superbem com festa junina. Até a tia Teté me pediu a receita!

Você vai precisar de
- 1 xícara (chá) de leite
- ½ tablete de manteiga (100 g)
- 4 colheres (sopa) de açúcar
- 1 colher (chá) de erva-doce
- 1 pitada de sal
- 1 xícara (chá) de farinha de trigo
- ½ xícara (chá) de fubá
- 4 ovos

> **CAFÉ COM BROINHAS**
>
> Outra ideia é assar as broinhas de tamanho ainda menor e servi-las junto com café. Fica um charme!

Preparo

Na panela, leve ao fogo o leite, a manteiga, o açúcar, a erva-doce e o sal. Quando a mistura ferver, acrescente de uma vez a farinha de trigo com o fubá. Mexa até se transformar em angu. Desligue o fogo e deixe esfriar. Leve a massa à batedeira e vá acrescentando os ovos, um a um. Quando a massa estiver firme, parecida com massa de torta, forre um tabuleiro com colheradas da massa, do tamanho de uma bolinha de brigadeiro, e ponha para assar.

para cada moça um doce

Não poderia deixar de homenagear àquelas que foram fundamentais para que eu chegasse até aqui. Minha mãe (Maria Luiza) e minhas três filhas (Daniela, Isabel e Marina) têm uma importância especial para mim.

Minha filha mais velha, Dani, é mandona, tem sempre uma crítica a fazer – seja boa ou ruim –, e isso me ajuda a querer aprimorar o meu trabalho na doceria.

A Bel é fácil de agradar e é minha cópia: louca por doces e cheia de fases. Já a flagrei roubando uma colherada de creme do pavê, assim como eu fazia quando criança!

Minha caçula, Marina, puxou ao pai: prefere os salgados. Mesmo assim, ela já me ajudou a criar doces que são o maior sucesso na doceria.

Por fim, para falar de minha mãe, reservei uma surpresa para a última receita. Não é uma sobremesa, mas adoçou muitos verões em família...

Sobremesa deliciosa

Há um doce específico – sobremesa deliciosa – que eu já sei que, sempre que eu fizer, vou ganhar da Dani a mesma observação: "Você não consegue mesmo fazer igual ao da vovó". E o pior é que na casa da mãe de um amigo disse ter comido o doce igual ao da avó. Vai entender!

Para umedecer as bolachas champanhe, você vai precisar de
- 1 xícara (chá) de leite
- 2 colheres (sopa) de chocolate em pó
- 2 colheres (sopa) de açúcar

Preparo
Leve o leite, o chocolate em pó e o açúcar ao fogo. Mexa até ferver e reserve, deixando a mistura esfriar.

Para fazer o restante do pavê, você vai precisar de
- 4 ovos
- 1 lata de leite condensado
- 1 lata de leite
- 1 pacote de biscoitos tipo champanhe
- 1 ½ xícara de chá de açúcar

- 1 lata de creme de leite (sem soro)
- opcional: raspas de chocolate
- opcional: castanhas-de-caju

Preparo

Separe as claras das gemas. Reserve.

Em uma panela, leve ao fogo o leite condensado, as gemas e o leite, até obter a consistência de um mingau.

Forre um pirex com uma camada desse creme. Molhe os biscoitos tipo champanhe na calda de chocolate reservada (certificando-se de que já esteja fria) e disponha-os por cima do creme.

Bata as claras com o açúcar. Depois de prontas, acrescente o creme de leite, para que essa mistura adquira a consistência de chantili. Cubra o pavê com ela. Você pode decorar o doce como quiser. Uma boa ideia é salpicar raspas de chocolate e castanhas-de-caju.

Tiramisù

Preciso confessar que, apesar de sermos muito parecidas, a Isabel é diferente de mim no quesito preguiça – se ela está com vontade de comer algo, levanta, vai comprar os ingredientes e faz o prato. Eu não – sempre improviso com o que tenho na cozinha.

Minha filha do meio vicia em um doce até enjoar e então troca por outro. Enquanto registro estas receitas, a Bel está na fase do *tiramisù*. E esse é o único motivo pelo qual vou dar a receita de um doce tão trabalhoso neste livro.

Você vai precisar de

- 4 gemas
- 1 xícara (chá) de açúcar
- 1 pote de cream cheese (200 g)
- 1 pote de creme de leite
- 1 pacote de biscoitos tipo champanhe
- 1 xícara (chá) de café forte
- 1 colher (sopa) de rum
- 1 colher (sopa) de licor de cacau
- 1 colher (sopa) de chocolate em pó ou cacau em pó
- opcional: 1 colher (sopa) de conhaque
- opcional: lascas de chocolate em barra

> **REQUEIJÃO MASCARPONE**
>
> Se preferir, você pode trocar o *cream cheese* por requeijão ou mascarpone, sempre na mesma medida do creme de leite que utilizar.

Preparo

Bata as gemas com o açúcar e, se quiser e tiver em casa, conhaque, até clarear. O conhaque é mesmo opcional, mas sempre gosto de juntá-lo ao creme. Acrescente o cream cheese e o creme de leite — meça a medida do creme de leite no mesmo pote do cream cheese.

Em um pirex grande — ou em taças individuais —, vá alternando camadas do creme com biscoitos tipo champanhe umedecidos com a seguinte mistura: o café forte, o rum e o licor de cacau. Se quiser, salpique também algumas lascas de chocolate em barra. Para terminar, polvilhe o chocolate em pó ou cacau em pó. Deixe descansar na geladeira por pelo menos 4 horas antes de servir.

Bolo beijinho de coco com uva

Para a minha decepção, o doce preferido da Marina é (pasmem!) torta de morango de padaria! Eu até tento imitar, mas não fica igual. Dos meus doces, tem um que sempre que faço me lembro da Marina. É o bolo beijinho de coco com uva, que ela mesma me sugeriu. Nada mais é que um pão de ló (página 15) recheado com beijinho de coco e uvas verdes. É uma combinação deliciosa!

Você vai precisar de

- 1 lata de leite condensado
- 1 gema
- 2 colheres (sopa) de coco ralado
- 1 colher (sopa) de manteiga
- ½ lata de creme de leite

> **BEIJINHO DE ENROLAR**
>
> A função do creme de leite é deixar o beijinho de coco mais cremoso para rechear o bolo. Se quiser enrolar, é só fazer a receita sem esse ingrediente.

Preparo

Em uma panela, leve ao fogo o leite condensado, a gema, o coco ralado e a manteiga, como se fosse fazer brigadeiro. Por fim, adicione o creme de leite para o recheio de beijinho de coco de colher.

Pinga de coco

O quentão entrou no capítulo das festas juninas porque ele não poderia mesmo faltar – tradição é tradição –, mas esta receita não deveria estar neste livro porque, definitivamente, não é uma sobremesa. Mas, como acabei contando muitas coisas sobre o meu passado e a minha família, resolvi compartilhar esta receita também.

Minha mãe fazia esta bebida na época em que tínhamos uma casa de praia em Caraguatatuba, quando éramos crianças. Na volta da praia, a vizinhança toda passava por lá para tomar a pinga da minha mãe. Tinha até uma versão sem álcool para as crianças! Talvez seja por isso que eu goste tanto de uma boemia!

Mamãe sempre fez o maior charme, não revelava a receita, mas a verdade é que ela não tem segredo nenhum.

Você vai precisar de
- 1 litro de cachaça
- 1 lata de leite condensado
- 1 lata de leite de coco
- 1 lata de leite

Preparo
É só bater tudo no liquidificador e colocar no freezer. Na minha casa, o congelador agradava aos adultos e às crianças: de um lado a pinga; do outro, o sorvete de brigadeiro. Cuidado: o teor alcoólico é bem alto! Mas é uma delícia.

A autora

Ainda que formada em publicidade e propaganda pela FAAP, *Bia Forte* sempre nutriu um amor incondicional pela cozinha – e esse amor não nasceu por acaso. Ele vem desde a sua infância, incentivado por sua mãe, e só cresceu com o correr dos anos. Aos poucos, os doces que preparava para as festas de aniversário de suas três filhas ganharam fama e se tornaram alvo de desejo de todos os amigos e da família.

Para poder compartilhá-los com todos, Bia decidiu abrir sua própria loja. Com a ajuda das filhas Isabel e Marina, consolidou a Brigadeiro Doceria & Café como uma casa prestigiada, conhecida pelo seu ambiente aconchegante, produtos caseiros e tradição familiar. Este é o primeiro livro de Bia e, com ele, espera levar um pouco de doçura para a vida de seus leitores.